Nejla Demirkaya

Junge Hindus in den USA. Für den Hindu-Nationalismus besonders anfällig?

GRIN Verlag

Bibliografische Information der Deutschen Nationalbibliothek:

Die Deutsche Bibliothek verzeichnet diese Publikation in der Deutschen National-
bibliografie; detaillierte bibliografische Daten sind im Internet über http://dnb.d-
nb.de/ abrufbar.

Impressum:

Copyright © 2013 GRIN Verlag GmbH
Druck und Bindung: Books on Demand GmbH, Norderstedt Germany
ISBN: 978-3-656-57559-7

GRIN - Your knowledge has value

Der GRIN Verlag publiziert seit 1998 wissenschaftliche Arbeiten von Studenten, Hochschullehrern und anderen Akademikern als eBook und gedrucktes Buch. Die Verlagswebsite www.grin.com ist die ideale Plattform zur Veröffentlichung von Hausarbeiten, Abschlussarbeiten, wissenschaftlichen Aufsätzen, Dissertationen und Fachbüchern.

Besuchen Sie uns im Internet:

http://www.grin.com/

http://www.facebook.com/grincom

http://www.twitter.com/grin_com

Georg-August-Universität Göttingen

Centre for Modern Indian Studies

Seminar: Ethnologische Theorien zur Kultur und Gesellschaft

Indiens

Wintersemester 2012/13

Junge Hindus in den USA: Für den Hindu-Nationalismus besonders anfällig?

Nejla Demirkaya

15.03.2013

Geschichte und Moderne Indienstudien (2-Fächer-Bachelor)

3. Semester

Junge Hindus, die in der multikulturellen Gesellschaft der USA aufwachsen und leben, sehen sich in ihrem Alltag ganz anderen Umständen und Herausforderungen gegenüber als noch ihre Eltern. Die nahezu unausweichliche Begegnung mit den unterschiedlichsten Kulturen kann zu einer offenen, toleranten Geisteshaltung gegenüber der Vielfalt, im Gegensatz dazu aber auch zur Entwicklung einer chauvinistischen, intoleranten Weltanschauung beitragen. Welche Richtung schlagen die in der amerikanischen Gesellschaft sozialisierten jungen Hindus ein? Meine Argumentation soll aufzeigen, dass die Beantwortung der Frage nach ihrer Anfälligkeit, sich nationalistischen Ideologien anzuschließen, von einer Vielzahl unterschiedlicher Faktoren abhängt. Um einer Antwort nahezukommen, ist es unabdinglich, sich mit den vielfältigen identitätsformenden Einflüssen auseinanderzusetzen, denen junge Hindus in der US-amerikanischen Multikulturalität im Laufe ihres Heranwachsens ausgesetzt sind.

Schon in frühen Jahren prägend ist das Elternhaus. Kinder, die in einer traditionsbewussten oder auf religiöse Kontinuität achtenden Umgebung aufwuchsen, nehmen die in einer solchen Erziehung vermittelte Kultur als grundlegenden Teil ihrer Identität auf (Kurien, S.456). Dadurch bedingt ist die Neugier in Bezug auf die Geschichte und aktuelle Entwicklungen im nunmehr als eigentliche Heimat angesehenen Indien. So erlangen junge Hindus Wissen über die Hindutva-Bewegung, gesellschaftlich wie politisch bedeutsame Ereignisse wie die Zerstörung der Moschee in Ayodhya 1992 und über den Hinduismus im Allgemeinen. Ob durch die Erzieher selbst vermittelt oder aber in eigener Recherche angeeignet trägt das Bild der historischen wie aktuellen "Gefährdung" durch den "fremden" Islam dazu bei, dass Angehörige dieses Glaubens bereits in jungen Jahren als Feinde wahrgenommen werden können. In den USA existiert eine große Anzahl religiöser Schulen und Bal-Vihar-Kurse anbietender Institutionen. Auch der Besuch von Sommerlagern, ebenfalls mitunter von radikal hinduistischen Organisationen veranstaltet, wird zumeist auf das Betreiben der Eltern zurückgehen. Allerdings bleibt anzumerken, dass Jugendliche und junge Erwachsene von Hindu-nationalistischer Gesinnung nicht zwangsläufig eine von ebensolchem Gedankengut bestimmte Erziehung erhielten. Wichtig ist das im Elternhaus gelegte Fundament einer Hindu-Identität. So werden offiziell dem Hinduismus angehörende junge Inder sich selbigem weniger verbunden fühlen, wenn ihre Eltern aufgrund deren eigener Unreligiösität erzieherisch niemals eine besondere Wertschätzung desselben vermittelten. Dies schließt eine Begeisterung für die eigene Religion keineswegs aus, allerdings wird ihre schwächere Inkorporierung in die Selbstwahrnehmung aus der betreffenden Person zunächst wohl keinen Anhänger der Hindutva-Ideologie machen.

Von vergleichbarer Bedeutung für die Identitätsbildung ist das soziale Umfeld, mit dem junge Hindus in Kindheit und Jugendjahren konfrontiert werden. Offenbar macht es durchaus einen Unterschied, ob diese Jahre im kleinstädtischen bis ländlichen und somit in den USA überwiegend weißen Milieu verlebt werden, oder aber in einer Großstadt, wo das Vorkommen großer, konzentrierter südasiatischer Gemeinschaften wahrscheinlicher ist. Hindus, die in einer durch die weiße Mittelschicht geprägten Umgebung heranwuchsen, scheinen gehäuft eine gesamt-indische, wenn nicht sogar südasiatische Identität entwickelt zu haben, während jene, die in Nachbarschaft mit Pakistanis, Sikhs, indischen Muslimen, Tamilen usw. sozialisiert wurden, zur Bildung einer religiösen oder sub-ethnischen Identität neigen (Gupta, S. 129). Die Beschaffenheit des Freundeskreises spielt ebenfalls eine Rolle, die sich den Umständen gemäß auf unterschiedliche Weise auswirken kann. So ist es denkbar, dass ein ausschließlich weißer Freundeskreis ein Gefühl der Isolation hervorruft und somit das Bedürfnis nach dem Umgang mit Menschen gleicher Wurzeln oder desselben Glaubens – bis hin zum Abdriften in eine nationalistische Haltung, die die vorherige Marginalisierung kompensiert.

Andererseits könnte gerade der Kontakt mit Altersgenossen ähnlicher Herkunft oder anderen übereinstimmenden Eigenschaften, wie er in der Schule und spätestens auf dem College passiert, ein Gefühl der Verbundenheit, insbesondere angesichts von Diskriminierung, aufkommen lassen, und somit eine religiöse, ethnische und kulturelle Schranken überwindende Solidarität fördern. Konflikte wie die um Ayodhya treten dabei im Bewusstsein der jüngeren Generation in den Hintergrund; ausschlaggebender scheint der Alltag in der multikulturellen Gesellschaft der USA zu sein (Khandelwal, S. 150). Tatsächlich fühlen sich viele junge Inder, entgegen der in den USA herrschenden Erwartung einer sowohl ethnischen als auch amerikanischen Identität, von ihrer vermeintlichen Heimat Indien, das eher als Land der Eltern empfunden wird, ebenso wie von dessen hinduistischen Traditionen entfremdet. Sie mögen noch Teil ihrer Identität sein, allerdings in weitaus geringerem Maße als das tägliche Leben und Erleben in der US-amerikanischen Multikulturalität. Ebendiese Multikulturalität ist es jedoch, die fast zwangsläufig eine Art Marginalisierung seiner Bestandteile, der einzelnen Kultur-Welten, zur Folge hat. Diskriminierung auf sozialer und politischer Ebene sowie der Eindruck mangelnder Akzeptanz durch die Leitkultur rufen zuweilen eine "reaktive Ethnizität" (s. Kurien, S. 437ff.) hervor - in diesem Fall die Überhöhung der indischen Heimat und ihrer hinduistischen Traditionen, welche durch die viktimisierende Selbstdarstellung als unterdrückte Minderheit legitimiert wird. Die in den USA herrschenden ethnischen Kategorien und Vorurteile erschweren vorallem der Jugend indischer Abstammung das Finden einer klar definierten Identität - zwingen sie aber gleichzeitig zur Auseinandersetzung mit ihren Wurzeln. So sehen sie sich nicht selten am College mit der Frage konfrontiert, welcher dieser Kategorien sie sich zugehörig fühlen; angefangen mit der Zuordnung zu Oberbegriffen wie "Asian American", "White" u.Ä. in manchen Anmeldungsformularen und weitergeführt durch zahlreiche Campus-Organisationen, die mit ihrer oftmals kulturellen oder religiösen Ausrichtung um die Neuankömmlinge werben. So existieren Klubs, die bewusst eine gesamt-indische bis südasiatische Identität fördern und propagieren; ihre Mitglieder mögen vorallem aus dem ländlichen und kleinstädtischen Raum stammen oder weitgehend frei sein von Vorurteilen gegenüber Indern bzw. Südasiaten anderen Glaubens oder Ethnie.

In Konkurrenz dazu stehen strikt religiöse Vereine wie der Hindu Student Council (HSC), der studentische Zweig des VHPoA, welcher dessen Hindu-nationalistische Gesinnung übernommen hat, dies jedoch insoweit zu verbergen weiß, dass auch lediglich am Hinduismus selbst Interessierte von ihm angezogen werden (vgl. Kurien). Generell finden religiöse Institutionen in der indischen Diaspora der USA regen Anklang; Religion im Allgemeinen spielt eine entscheidene Rolle bei der Identitätsfindung (Mohammad, S. 287), zudem vermögen entsprechende Vereine den Übergang vom "Gast" zum "richtigen Amerikaner" mit multikultureller Identität zu fördern, welche öffentlich zur Schau gestellt wird. Gerade dies kann jedoch auch bedeuten, dass eine Hinwendung zu radikaleren Ideen und einer reaktionären Weltanschauung vollzogen wird, ohne dass eine allgemeine Gegenwehr geschieht. So finden durchaus als radikal einzustufende Hindu-Organisationen wie die Vishwa Hindu Parishad of America (VHPoA) oder die Rashtriya Swayamsevak Sangh (RSS) auch unter den größtenteils unpolitischen jungen Hindus ihre Mitglieder, zumal letzteren die politische Agenda dieser Institutionen sowie deren Verwicklungen in die Zerstörung der Babri-Moschee oftmals unbekannt sind (Mohammad, S.291). Bereits angedeutet wurden ihre fast als missionarisch zu bezeichnenden Tätigkeiten im Bereich der Jugendarbeit: Die von ihnen angebotenen Kurse, in denen Hindus von Kindesbeinen an oft jahrelang Unterricht in ihrer Religion erhalten, wodurch die Bindung zum Heimatland *Bharat* aufrechterhalten werden soll, sowie Jugendlager, in denen Kinder und Jugendliche neben der Unterweisung in hinduistisches Wissen in Form sportlicher Aktivitäten die Hindu-Gemeinschaft erfahren. Nicht nur fundamentalistisch denkende, sondern auch moderate, aber religiöse Eltern schicken ihre Kinder dorthin. Es zeigt sich also ein subtiles Wirken und die ungehinderte Einflussnahme solcher Institutionen auf die zweite Generation der Hindus in den USA.

Nahezu ungehinderten Einfluss nehmen auch die sogenannten Massenmedien; insbesondere die jüngere Generation macht ständigen Gebrauch von digitalen Kommunikationsmitteln, von denen das Internet heutzutage als das einflussreichste Medium gelten dürfte. Denn es sind vorallem Foren, Blogs und Websites, die den Austausch mit Hindus auf der ganzen Welt sowie den Zugang zu bestimmten Informationen ermöglichen. Anzumerken ist jedoch, dass eine bereits gefestigte Meinung bei der Recherche zur selektiven Informationsbeschaffung führen kann, wobei auch der zufällige Kontakt mit bestimmten Inhalten, wie beispielsweise einer Hindu-fundamentalistische Seite, auf der Indien als ausschließlich den Hindus gehörend und Muslime als eindringende Feinde dargestellt werden, den Ausschlag geben kann für die Verfestigung oder auch Entwicklung einer radikalen Gesinnung. Historische Ereignisse wie die blutige und folgenreiche Teilung Britisch-Indiens 1947 und die Ayodhya-Krise, problemlos abrufbar und schnell auch in ideologisch verzerrter Form dargestellt, gewinnen mithilfe von Internet, Zeitungen, usw. auch für die in der Diaspora lebenden jungen Hindus an Aktualität. Es sind vorallem die kriegerischen, blutigen Aspekte der indischen Geschichte, die, von radikalen Hindus instrumentalisiert, selbst dann einen Konflikt mit dem Islam und seinen Anhängern heraufbeschwören, wenn dieser bis dahin nicht einmal unbedingt persönlich spürbar war. Erst durch den oft auf diese Weise konstruierten Hass gegenüber Muslimen "finden" viele radikale Jugendliche und junge Erwachsene zu ihrer ausgeprägten Identität als Hindus; sie definieren sich gewissermaßen als das Gegenstück zu den "bösen" Muslimen, nicht ausschließlich, aber in entscheidendem Ausmaß durch das Internet und anderen Medien darin unterstützt.

Zusammenfassend ist festzustellen, dass es weniger einzelne Umstände und Einflüsse sind, die bezüglich der Hinwendung junger amerikanischer Hindus zu nationalistischen Ideologien den Ausschlag geben; vielmehr ist dies das Ergebnis des komplexen Zusammenwirkens all der Faktoren, die die Identität schaffen und formen. So werden die Schattenseiten der multikulturellen US-amerikanischen Gesellschaft allein den Hindu-nationalistischen Organisationen wie der VHPoA nicht reihenweise neue Mitglieder und Sympathisanten in die Arme treiben. Fakt ist jedoch, dass der in den USA wirkenden Sangh Parivar aufgrund ihrer Popularität eine hervorzuhebende Bedeutung zukommt. Ihre Autorität beschränkt sich nicht auf jene Hindus der zweiten Generation, die aus traditionellen Elternhäusern stammen, Tür an Tür mit Südasiaten unterschiedlicher Religion und Ethnie aufwuchsen oder je mit dem Gefühl der Marginalisierung ihres kulturell-religiösen Selbst als Folge der Multikulturalität zu kämpfen hatten. Der Faktor der religiösen, von der Hindutva-Bewegung geprägten Organisationen allerdings überwindet durch seine weitreichende Vernetzung, direkte oder indirekte mediale Macht und allgemeine Anerkennung die Grenzen zwischen potenziell radikalisierenden Faktoren und jenen, die eher zur Herausbildung einer moderaten Gesinnung beitragen. Aus diesem Grund liegt die Vermutung nicht fern, dass die jungen Hindus in den USA in der Tat verstärkt gefährdet sind, sich nicht nur radikalen Organisationen anzuschließen, sondern möglicherweise auch die in diesen vermittelte nationalistische Ideologie anzunehmen - wenn selbige nicht bereits ursächlich für den Beitritt war.

Literatur

Bacon, Jean. 1996. Life Lines: Community, Family, and Assimilation among Asian Indian Immigrants. New York/Oxford, Oxford University Press.

Bates, Crispin. 2000. Communalism and Identity among South Asians in Diaspora. Heidelberg Papers in South Asian and Comparative Politics, Working Paper No. 2.

Gupta, Anu. 1998. At the Crossroads: College Activism and Its Impact on Asian American Identity Formation, in: Shankar, Lavina Dhingra/Rajini Srikanth (Hrsg.). 1998. A part, yet apart: South Asians in Asian America. Philadelphia, Temple University Press: 127-145.

Khandelwal, Madhulika. 2002. Becoming American, Being Indian: An Immigrant Community in New York City. Ithaca/London, Cornell University Press.

Kurien, Prema. 2005. Being Young, Brown, and Hindu: The Identity Struggles of Second-Generation Indian Americans. Journal of Contemporary Ethnography, Vol. 34 No. 4: 434-469.

Mohammad, Aminah. 2001. Relationships between Muslims and Hindus in the United States: Mlecchas versus Kafirs? In: Bates, Crispin (Hrsg.). 2001. Community, Empire and Migration: South Asians in Diaspora. Neu Delhi, Orient Longman: 286-308.

Shukla, Sandhya. 2001. Locations for South Asian Diasporas. Annu. Rev. Anthropol., No. 30: 551-72.